This Bible Study Belongs To:

_____

_____

_____

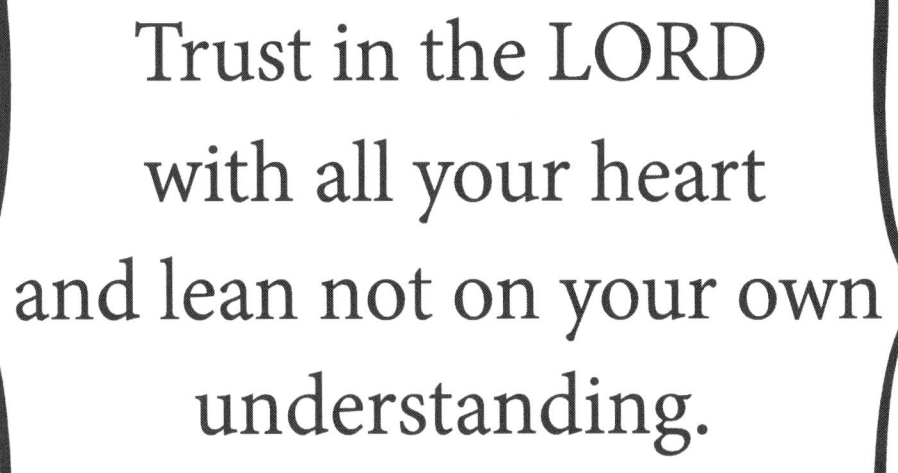

Trust in the LORD with all your heart and lean not on your own understanding.

- Proverbs 3:5

Date:

Scripture:

Observation:

Application:

Notes & Reflections

Prayer & Praise:

Date:

Scripture:

Observation:

Application:

Notes & Reflections

Prayer & Praise:

Date:

Scripture:

Observation:

Application:

Notes & Reflections

Prayer & Praise:

Date:

Scripture:

Observation:

Application:

Notes & Reflections

Prayer & Praise:

Date:

Scripture:

Observation:

Application:

Notes & Reflections

Prayer & Praise:

Date:

Scripture:

Observation:

Application:

Notes & Reflections

Prayer & Praise:

Date:

Scripture:

Observation:

Application:

Notes & Reflections

Prayer & Praise:

Date: _____

Scripture: _____
_____
_____

Observation: _____
_____
_____

Application: _____
_____
_____

Notes & Reflections
_____
_____
_____
_____
_____
_____

Prayer & Praise: _____
_____
_____
_____
_____
_____

Date:

Scripture:

Observation:

Application:

Notes & Reflections

Prayer & Praise:

Date:

Scripture:

Observation:

Application:

Notes & Reflections

Prayer & Praise:

Date:

Scripture:

Observation:

Application:

Notes & Reflections

Prayer & Praise:

Date:

Scripture:

Observation:

Application:

Notes & Reflections

Prayer & Praise:

Date:

Scripture:

Observation:

Application:

Notes & Reflections

Prayer & Praise:

Date:

Scripture:

Observation:

Application:

Notes & Reflections

Prayer & Praise:

Date:

Scripture:

Observation:

Application:

Notes & Reflections

Prayer & Praise:

Date:

Scripture:

Observation:

Application:

Notes & Reflections

Prayer & Praise:

Date:

Scripture:

Observation:

Application:

Notes & Reflections

Prayer & Praise:

Date:

Scripture:

Observation:

Application:

Notes & Reflections

Prayer & Praise:

Date:

Scripture:

Observation:

Application:

Notes & Reflections

Prayer & Praise:

Date:

Scripture:

Observation:

Application:

Notes & Reflections

Prayer & Praise:

Date:

Scripture:

Observation:

Application:

Notes & Reflections

Prayer & Praise:

Date:

Scripture:

Observation:

Application:

Notes & Reflections

Prayer & Praise:

Date:

Scripture:

Observation:

Application:

Notes & Reflections

Prayer & Praise:

Date:

Scripture:

Observation:

Application:

Notes & Reflections

Prayer & Praise:

Date:

Scripture:

Observation:

Application:

Notes & Reflections

Prayer & Praise:

Date:

Scripture:

Observation:

Application:

Notes & Reflections

Prayer & Praise:

Date:

Scripture:
_____
_____
_____

Observation:
_____
_____
_____

Application:
_____
_____
_____

Notes & Reflections
_____
_____
_____
_____
_____
_____
_____

Prayer & Praise:
_____
_____
_____
_____
_____
_____

Date:

Scripture:

Observation:

Application:

Notes & Reflections

Prayer & Praise:

Date:

Scripture:

Observation:

Application:

Notes & Reflections

Prayer & Praise:

Date: _____

Scripture: _____
_____
_____

Observation: _____
_____
_____

Application: _____
_____
_____

Notes & Reflections
_____
_____
_____
_____
_____
_____

Prayer & Praise: _____
_____
_____
_____
_____
_____

Date:

Scripture:

Observation:

Application:

Notes & Reflections

Prayer & Praise:

Date:

Scripture:

Observation:

Application:

Notes & Reflections

Prayer & Praise:

Date:

Scripture:
_____
_____
_____

Observation:
_____
_____
_____

Application:
_____
_____
_____

Notes & Reflections
_____
_____
_____
_____
_____
_____
_____

Prayer & Praise:
_____
_____
_____
_____
_____
_____

Date:

Scripture:
_____
_____
_____

Observation:
_____
_____
_____

Application:
_____
_____
_____

Notes & Reflections
_____
_____
_____
_____
_____
_____

Prayer & Praise:
_____
_____
_____
_____
_____

Date:

Scripture:

Observation:

Application:

Notes & Reflections

Prayer & Praise:

Date:

Scripture:

Observation:

Application:

Notes & Reflections

Prayer & Praise:

Date:

Scripture:

Observation:

Application:

Notes & Reflections

Prayer & Praise:

Date:

Scripture:

Observation:

Application:

Notes & Reflections

Prayer & Praise:

Date:

Scripture:

Observation:

Application:

Notes & Reflections

Prayer & Praise:

Date:

Scripture:

Observation:

Application:

Notes & Reflections

Prayer & Praise:

Date:

Scripture:

Observation:

Application:

Notes & Reflections

Prayer & Praise:

Date:

Scripture:

Observation:

Application:

Notes & Reflections

Prayer & Praise:

Date:

Scripture:

Observation:

Application:

Notes & Reflections

Prayer & Praise:

Date:

Scripture:

Observation:

Application:

Notes & Reflections

Prayer & Praise:

Date:

Scripture:

Observation:

Application:

Notes & Reflections

Prayer & Praise:

Date:

Scripture:

Observation:

Application:

Notes & Reflections

Prayer & Praise:

Date:

Scripture:

Observation:

Application:

Notes & Reflections

Prayer & Praise:

Date:

Scripture:

Observation:

Application:

Notes & Reflections

Prayer & Praise:

Date:

Scripture:

Observation:

Application:

Notes & Reflections

Prayer & Praise:

Date:

Scripture:

Observation:

Application:

Notes & Reflections

Prayer & Praise:

Date:

Scripture:

Observation:

Application:

Notes & Reflections

Prayer & Praise:

Date:

Scripture:

Observation:

Application:

Notes & Reflections

Prayer & Praise:

Date:

Scripture:

Observation:

Application:

Notes & Reflections

Prayer & Praise:

Date:

Scripture:

Observation:

Application:

Notes & Reflections

Prayer & Praise:

Date:

Scripture:
_____
_____
_____

Observation:
_____
_____
_____

Application:
_____
_____

Notes & Reflections
_____
_____
_____
_____
_____
_____
_____

Prayer & Praise:
_____
_____
_____
_____
_____
_____

Date:

Scripture:

Observation:

Application:

Notes & Reflections

Prayer & Praise:

Date:

Scripture:

Observation:

Application:

Notes & Reflections

Prayer & Praise:

Date:

Scripture:

Observation:

Application:

Notes & Reflections

Prayer & Praise:

Date:

Scripture:

Observation:

Application:

Notes & Reflections

Prayer & Praise:

Date:

Scripture:

Observation:

Application:

Notes & Reflections

Prayer & Praise:

Date:

Scripture:

Observation:

Application:

Notes & Reflections

Prayer & Praise:

Date:

Scripture:

Observation:

Application:

Notes & Reflections

Prayer & Praise:

Date:

Scripture:

Observation:

Application:

Notes & Reflections

Prayer & Praise:

Date:

Scripture:

Observation:

Application:

Notes & Reflections

Prayer & Praise:

Date:

Scripture:

Observation:

Application:

Notes & Reflections

Prayer & Praise:

Date:

Scripture:
_____
_____
_____

Observation:
_____
_____
_____

Application:
_____
_____
_____

Notes & Reflections
_____
_____
_____
_____
_____
_____

Prayer & Praise:
_____
_____
_____
_____
_____
_____

Date:

Scripture:

Observation:

Application:

Notes & Reflections

Prayer & Praise:

Date:

Scripture:

Observation:

Application:

Notes & Reflections

Prayer & Praise:

Date:

Scripture:

Observation:

Application:

Notes & Reflections

Prayer & Praise:

Date:

Scripture:

Observation:

Application:

Notes & Reflections

Prayer & Praise:

Date:

Scripture:

Observation:

Application:

Notes & Reflections

Prayer & Praise:

Date:

Scripture:

Observation:

Application:

Notes & Reflections

Prayer & Praise:

Date:

Scripture:

Observation:

Application:

Notes & Reflections

Prayer & Praise:

Date:

Scripture:

Observation:

Application:

Notes & Reflections

Prayer & Praise:

Date:

Scripture:

Observation:

Application:

Notes & Reflections

Prayer & Praise:

Date:

Scripture:

Observation:

Application:

Notes & Reflections

Prayer & Praise:

Date:

Scripture:

Observation:

Application:

Notes & Reflections

Prayer & Praise:

Date:

Scripture:

Observation:

Application:

Notes & Reflections

Prayer & Praise:

Date:

Scripture:

Observation:

Application:

Notes & Reflections

Prayer & Praise:

Date:

Scripture:

Observation:

Application:

Notes & Reflections

Prayer & Praise:

Date:

Scripture:

Observation:

Application:

Notes & Reflections

Prayer & Praise:

Date:

Scripture:

Observation:

Application:

Notes & Reflections

Prayer & Praise:

Date:

Scripture:

Observation:

Application:

Notes & Reflections

Prayer & Praise:

Date:

Scripture:

Observation:

Application:

Notes & Reflections

Prayer & Praise:

Date:

Scripture:

Observation:

Application:

Notes & Reflections

Prayer & Praise:

Date:

Scripture:

Observation:

Application:

Notes & Reflections

Prayer & Praise:

Date:

Scripture:

Observation:

Application:

Notes & Reflections

Prayer & Praise:

Date:

Scripture:

Observation:

Application:

Notes & Reflections

Prayer & Praise:

Date:

Scripture:

Observation:

Application:

Notes & Reflections

Prayer & Praise:

Date:

Scripture:

Observation:

Application:

Notes & Reflections

Prayer & Praise:

Notes

Notes

Notes

Notes

Notes

Notes

Notes

Notes

Notes

Notes

Made in the USA
Middletown, DE
06 July 2020